Dieses Buch widme ich:

Willy Breinholst

Hallo Mama –
Hallo Papa!

Ins Deutsche übertragen
von Dieter J. Jörgensen

BASTEI
LÜBBE

BASTEI-LÜBBE-TASCHENBUCH
Band 60 039

Deutsche Erstausgabe
© by Willy Breinholst
© für die deutsche Ausgabe Gustav Lübbe Verlag GmbH,
Bergisch Gladbach
Printed in Western Germany 1981
Einbandgestaltung: Ralph Rudolph,
u. V. e. Zeichnung v. Bengt-Göran Griffer
Zeichnungen von Mogens Remo
Gesamtherstellung: Ebner Ulm
ISBN 3-404-60039-8

Vorwort

Hallo, Mama . . . hallo, Papa . . . hallo, ihr alle! Jetzt paßt mal auf, wie ich ein *Vorwort* mache! Ihr glaubt wohl, daß ich bloß ein ganz gewöhnliches, in Windeln verpacktes Wesen bin, das oben einen ewig dudelnden Störsender hat und unten einen völligen Mangel an Rücksichtnahme! Ich bin aber in Wirklichkeit viel mehr als das. Man sieht es mir vielleicht nicht an, aber es sind solche kleinen Größen wie ich, die in einigen Jahren vollauf damit beschäftigt sein werden, die Welt zu verändern, Brücken zu bauen, in großen Raumlaboratorien das Universum zu erforschen, schöne Musik zu spielen und große, dikke Bücher zu schreiben. Ihr solltet also gut auf mich aufpassen und mir eine gesunde und gute und vernünftige Erziehung geben, damit ich nicht eins von den Kindern werde, mit denen ich nicht spielen darf. Vielleicht denkt ihr manchmal: Was mag er jetzt wohl denken, der kleine Kerl? Ich werd's euch sagen: ich denke genau das, was in diesem kleinen Büchlein steht . . . und viel, viel mehr.

Das hättet ihr wohl nicht gedacht!

Wo komme ich eigentlich her? Ich meine, ganz von Anfang an?

Wo komme ich her?

Niemand weiß so richtig, woher ich komme. Selbst habe ich noch nicht darüber nachgedacht, denn ich war immer der Meinung, schon immer hier gewesen zu sein. Aber das bin ich wohl doch nicht, denn heute zupfte mein großer Bruder meine Mutti an der Schürze: »Mutti«, sagte er, »im Kindergarten fragte das Fräulein heute, ob jemand von uns weiß, woher so kleine Kerle wie Brüderchen kommen. Und dann sagten einige, daß sie von ganz weit her kommen, ganz unten aus Ägypten, und daß sie den ganzen Weg hierher mit dem Storch fliegen. Und Beate sagte, daß man bloß in der Apotheke eine große Tüte Kindersamen zu kaufen braucht. Aber ich hielt zu denen, die sagten, daß wir sie unten in Ägypten kaufen.«

»Aber hör mal«, sagte meine Mutti, »du weißt doch, woher Brüderchen kommt. Oder?«

»Doch, natürlich.«

»Aber warum hast du es dann nicht gesagt?«

»Ich wollte doch nicht zugeben, daß Brüderchen selbstgemacht ist!«

Bin ich jetzt hübsch genug, um mich in voller Größe der Säuglings-schwester zu zeigen?

Ich wiege 56 Zentimeter

Ab und zu kommt hier eine Dame und begrüßt mich freundlich. Sie benimmt sich jedoch sehr, sehr merkwürdig. Ohne mich um Erlaubnis zu fragen, hebt sie mich auf eine Waage, und sie mißt auch, wie lang ich bin. Das mag ich überhaupt nicht. Und dann schreie ich. Sie kann nicht verstehen, daß ich so lang bin, wie ich bin. Als ob das so merkwürdig wäre. Babys haben doch wohl die Länge, die sie haben müssen? Auch sonst hat sie überhaupt keine Ahnung. Ich möchte wissen, was sie dazu sagen würde, wenn ich ihr den Po nach oben drehen und sie messen und wiegen würde. Über alle Ecken und Kanten! Sie bespricht auch mit meiner Mutti, was ich essen soll. Statt allem, was gut schmeckt, soll ich nur so etwas essen, was gesund ist. Immer soll ich hübsch und sauber sein und 117mal gewickelt werden, bevor sie kommt. Heute fragte sie meinen großen Bruder, ob er mich mag. Er wußte es nicht.

»Möchtest du ihn lieber gegen ein Schwesterchen tauschen?« fragte sie dann.

»Bist du verrückt?« sagte er, »das kann man doch nicht! Wir haben ihn doch schon so lange gebraucht!«

Ich habe gerade eine frische Windel gekriegt. Meine Mutti sagt, die Windelindustrie könnte von mir allein leben!

Windeln sind doof

Ich will jetzt nicht über etwas reden, wovon ich nichts verstehe, denn die Fähigkeiten habe ich wohl doch nicht, aber aus meiner Sicht, entschuldigt, daß ich es so geradeheraus sage . . . aus meiner Sicht geht enorm viel Zeit dadurch verloren, daß sie mir immer den Po nach oben drehen, wenn ich auf meinem Wickeltisch liege. Es sind diese doofen Windeln, die soviel Zeit in Anspruch nehmen. Es dauert immer eine Ewigkeit. Es ist ja ganz in Ordnung, daß sie mir den Po abwischen, wenn er naß ist. Aber es müßte ein anderes System geben als das mit den Windeln. Und mein Vati denkt genauso. Gestern abend, als er sich mit einem großen Haufen in meiner Windel und an meinem Po abquälte, und auch der Rücken gut eingeschmiert war, war er kurz davor, die Sache aufzugeben, und dann rief er meine Mutti zu Hilfe. Und dann sagte er etwas ganz Richtiges:

»Es ist ja gut und schön, daß man Menschen zum Mond schicken kann, aber dafür gebe ich keinen Pfennig, bevor man nicht ein Baby erfindet, das absolut nichts anderes produziert als saubere, antiseptische Windeln!«

Sieht man mir nicht an, daß ich ein Brustkind bin?

Ich bin ein Brustkind

Mir geht's gut. Ich bin ein Brustkind. Mein Vati sagt, daß es für ein Baby das natürlichste ist, sich die Milch direkt von der Quelle zu holen. »Muttermilch«, sagt er, »ist die einzig richtige Nahrung für so ein kleines Kerlchen.« Kuhmilch läßt sich überhaupt nicht mit Muttermilch vergleichen ... der Verbraucher von Muttermilch braucht nicht im Laden zu warten, er muß nicht bezahlen, wenn nach dem Essen der Tisch abgeräumt wird, es gibt keine Probleme mit dem Aufbewahren und dem Wärmen, und nicht zuletzt hat auch die Verpackung der Muttermilch eine viel hübschere Form als so eine langweilige Flasche mit DIN-Norm.

»Ach, hör doch auf«, sagt Mutti immer, wenn Vati so richtig loslegt mit allen Vorteilen. Er verfolgt immer sehr interessiert, wie ich esse. Ich glaube schon, daß er manchmal darüber nachdenkt, wie es eigentlich ist, wenn man auf diese Art sein Essen kriegt. Als ich vorhin gerade am Essen war, sagte er plötzlich:

»Eigentlich müßte es sehr schön sein, sich jedesmal in eine weiche Brust kuscheln zu können, wenn man selbst einen zur Brust nehmen möchte.«

Ich habe überhaupt keine Lust zum Mittagsschlaf . . . jedenfalls nicht heute. Vielleicht ja morgen.

Mein Mittagsschlaf

Ich habe eine schlechte Phase. Es geht um meinen Mittagsschlaf, der nicht funktioniert. Aber das liegt daran, daß ich nicht weiß, was ich machen soll, wenn sie mich in den Kinderwagen packen und in den Garten schieben. Ich verliere dauernd meinen Schnuller. Und dann schreie ich. Das funktioniert. Dann kommen sie gesprungen und geben mir meinen Schnuller wieder. Manchmal kann ich ihn bis zu siebzehnmal ausspucken. Meine Mutti hat es gezählt. Ich kann sie zu vielem kriegen, wenn ich so daliege und mich langweile und ein bißchen weine. Zum Beispiel schaukeln sie den Kinderwagen und fahren ihn hin und her, hin und her! Das kann ganz gemütlich sein, obwohl ich manchmal darüber einschlafe. Manchmal geben sie es auch auf und nehmen mich wieder auf den Arm, ohne daß ich geschlafen habe. Aber wenn sie das tun, dann wird der Tag sehr anstrengend. Dann gehe ich ihnen auf die Nerven, sagen sie. Na und? Sie brauchen doch bloß dafür zu sorgen, daß ich nicht quengelig bin. Wie der Tag heute aussehen wird, weiß ich noch nicht. Gerade hat meine Mutti einen vorsichtigen Blick zu mir in den Kinderwagen geworfen. Bloß einen klitzekleinen, blitzschnellen Blick.

»Psst, ich glaube, er schläft.«

Dann schleicht sie hinüber zur Küchentür. Aber ich spucke den Schnuller nicht aus und fange nicht an zu weinen, bevor sie ganz drinnen ist.

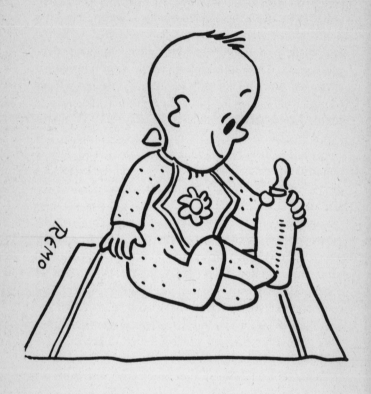

Unter all den Dingen, die Essen genannt werden, ist Milch immer noch die beste Erfindung.

Ich greife zur Flasche

Es fing damit an, daß meine Mutti für mich nicht mehr genug zu essen hatte. Sie sorgte nicht dafür, daß richtig nachgefüllt wurde. Ich lag da und habe gesaugt und gesaugt, aber es kam nichts. Und dann kriegte ich die Flasche. Das ganze Ham-Ham strömte dann auch gleich aus dem Schnuller auf der Flasche, aber irgendwie fehlte da etwas Weiches, in das ich beim Essen gemütlich meinen Kopf legen konnte. So eine Flasche ist ja nicht besonders weich. Ich würde sie eher hart nennen. Aber man kann sich im Leben ja an vieles gewöhnen. Eigentlich *habe* ich mich jetzt daran gewöhnt. Aber ich muß noch erzählen, daß ich einen neuen Milchlieferanten habe. Jedenfalls nachts. Wenn ich hungrig bin und weine, dann steht jetzt mein Vati auf und liefert die Ware. Er stapft dann todmüde in die Küche, hantiert dort herum und kommt dann todmüde mit der warmen Flasche mit dem ganzen Ham-Ham zu mir herein. Während ich dann esse und es mir eigentlich ganz gut geht, sitzt er auf einem Hocker und schwankt mit geschlossenen Augen hin und her, er wirkt dabei sehr wenig unterhaltsam. Ich will ja nichts Schlechtes über meinen neuen nächtlichen Milchlieferanten sagen, aber er ist schon etwas schlaff. Eines Nachts war er so schlaff, daß er vom Hocker fiel.

»Ah-ooooohhh!« sagte ich.

Das bedeutet Hoppla!

Meine Mutti wäscht mich viel zuviel . . . wenn sie mich bloß nicht ganz wegwäscht!

Wann bin ich sauber genug?

Ab und zu will ich gerne meinem großen Bruder recht geben, daß es Quatsch ist, sich immer waschen zu müssen. Mutti und Vati waschen auch ewig und immer an mir herum. Wenn sie mich bloß nicht ganz wegwaschen. Ich habe bemerkt, daß sie auch die Seife waschen, und die wird jedesmal kleiner und kleiner. Daher ist es doch wohl nicht verwunderlich, daß man bei dieser ganzen Wascherei nervös wird. Mein großer Bruder will nie hereinkommen und sich waschen, wenn meine Mutti ihn ruft. »Wir spielen gerade so gut«, sagt er immer, »und wir brauchen uns auch gar nicht zu waschen. Wir können einander an den Stimmen erkennen!«

Mein großer Bruder macht auch nie mit den Händen die Türen schmutzig. Er tritt sie einfach auf. Als er vorhin gerade aus dem Badezimmer kam, fragte meine Mutti ihn, woher denn seine Hände so schmutzig geworden seien. »Das wurden sie dadurch«, sagte er, »daß ich mir das Gesicht gewaschen habe.«

Gestern war die Säuglingsschwester wieder hier, um zu messen, ob ich seit dem letztenmal länger oder kürzer geworden war. Sie fragte meinen großen Bruder, der gerade draußen im Matsch gespielt hatte, wie alt er ist.

»Vier Jahre«, sagte er.

»Man sollte doch nicht glauben«, sagte sie, »daß man in nur vier Jahren so schmutzig werden kann!«

Ich habe eben meine Milch viel zu schnell getrunken ... und mir geht
es ... HICKS ... überhaupt nicht gut!

Puh, mir ist schlecht

Puh, mir geht es schlecht. O weh, wie geht's mir schlecht. Obwohl ich gerade schön meine Milch getrunken habe. Alles. Mit einem riesengroßen Schluck leerte ich die ganze Flasche, die mein Vati mir gab. Er leerte auch selbst eine Flasche, da war aber etwas anderes drin. »Probst, Alter«, sagte er, hob seine Flasche an den Mund und ließ den ganzen Inhalt in seinen Hals laufen. Und dann freuten wir uns beide. Es war sehr schön, mit Vati einen zu heben, aber, oohh, jetzt ist mir schlecht. Es muß am Essen oder Trinken liegen, denn ich habe das Gefühl, als ob mein Magen ganz aufgeblasen ist und viel zuviel Platz wegnimmt, und als ob ich Magenschmerzen habe, und als ob das Gummi in meinen Hosen viel zu stramm sitzt, und als ob ich irgend etwas sagen müßte. Ich kann bloß nicht herausfinden, was es ist, was ich nicht herausfinden kann. Ich weiß nur, daß es mir schlechtgeht, im Magen oder sonst irgendwo da unten. Ich weiß wirklich nicht, was los ist, aber wenn nicht bald . . . RÜLPS!

Das war's!

Das tat gut.

Hast du etwa den Fußboden naß gemacht?

Ich bin undicht

Etwas stimmt nicht mit meiner Windelregion. Meine Mutti sagt, ich habe einen wunden Po, das kommt vom Ammoniak in der Windel. Sie weiß nicht, wovon sie redet. Es ist ja richtig, daß ich einen roten Po habe, und es ist auch richtig, daß sich die Haut am Po langsam ablöst, aber keiner von ihnen hat herausgefunden, warum ich einen roten Po habe. Es liegt daran, daß ich chronisch undicht bin. Sie geben mir zwar mehrmals am Tag eine frische Windel, aber das ist keinen Pfifferling wert. Ganz plötzlich bin ich wieder undicht, und dann fühlen Mutti oder Vati nach, wie undicht ich bin, und dann sagen sie: »Ach, mein kleiner Schatz, bist du schon wieder naß?«

Ja, natürlich bin ich wieder naß. Das muß man ja werden, wenn man so undicht ist wie ich. Als die Regenrinne ein Leck hatte, sagte mein Vati, das könne er mit etwas Plastikmasse wieder in Ordnung bringen, und dann machte er's, und dann war die Regenrinne wieder in Ordnung, aber ich . . . bei mir denkt niemand daran, mich mit irgendeinem Universalmittel abzudichten.

Mich lassen sie einfach in meinem eigenen See baden.

Merkwürdige Leute.

Mein Vati kann am besten Kindererziehung mit mir machen . . . meine Mutti braucht viel zu viele Worte!

Kindererziehung ... Ha!

Ich glaube, ich habe etwas herausgefunden. Ich habe herausgefunden, was man unter Kindererziehung versteht. Also, Kindererziehung ist, wenn Eltern ihre Kinder dazu erziehen, genau das Gegenteil von dem zu tun, was sie gerne tun möchten. Ich weiß jetzt auch, daß meine Mutti am meisten Kindererziehung mit mir macht. Mein Vati hat gar keine Lust, so viele Worte zu gebrauchen, um all das zu sagen, was ich nicht darf. »Ach, was soll's«, sagt er bloß, wenn ich etwas heruntergerissen habe, wodurch meine Mutti sehr wütend wurde. Wenn Oma und Opa auf mich aufpassen, machen sie auch Kindererziehung mit mir. Aber das stört mich überhaupt nicht. Sie werden aber trotzdem etwas sauer, wenn sie mich gerade gewickelt haben und ich gleich danach ein schickes großes Häufchen in die Windel mache! Dafür sind sie wohl noch nicht reif genug. Dann kann es schon passieren, daß sie die Stirn in tiefe Falten legen und etwas Kindererziehung mit mir machen. Aber sie vergessen dann ziemlich schnell, wovon sie eigentlich reden.

Und dann spielen wir wieder.

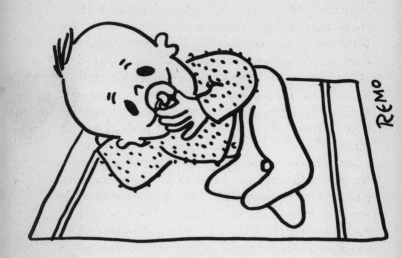

Mutti und Vati sagen, daß ich bald getauft werden und einen Namen
haben soll. Wozu brauche ich einen Namen? Wissen sie denn nicht, daß
ich es bin?

Wozu brauche ich einen Namen?

Ich bin niemand. Ich habe keinen Namen. Und wenn man keinen Namen hat, dann ist man niemand. Oder? Mutti und Vati haben ein Buch mit einer Menge Namen gekauft, und soweit ich es verstehen kann, dann . . . ja, es klingt merkwürdig . . . aber sie wollen mich wohl in etwas bringen, was sie eine Kirche nennen, und ein Mann da drinnen soll mich dann wässern und bestimmen, wie ich heißen soll. Und dann ist es ja eigentlich egal, daß meine Mutti bestimmt hat, daß ich Michael heißen soll, und mein Vati bestimmt hat, daß ich Heinrich heißen soll, und mein Opa meint, daß ich nach meinem Urgroßvater Andreas Severin Julius Theobald heißen soll.

Ich verstehe nur nicht, warum ich überhaupt einen Namen aus diesem Buch haben soll. Bis jetzt hieß ich immer Brüderchen oder Baby. Das reicht für mich. Und wenn ich mal groß bin, sieht es doch schick aus, wenn an der Tür an meinem Haus steht, hier wohnt BABY. Oder wenn es ganz besonders schick sein soll, können wir ja den Nachnamen dazusetzen: BABY BRÜDERCHEN. Wenn ich unbedingt anders heißen soll, dann will ich genauso heißen wie der große, hübsche Vogel in dem Bilderbuch meines großen Bruders. Der Vogel heißt Pelikan.

Nennt mich Pelikan!

Ich spiele, daß ich keinen Schnuller mehr brauche und angefangen habe, wie Vati Zigarren zu rauchen . . . aber wo bleibt der Rauch?

Ein neues Schnullerspiel

Manchmal spiele ich, daß ich keinen Schnuller mehr brauche und angefangen habe, wie Vati Zigarren zu rauchen. Ich stecke einen Finger in den Mund und sauge daran und puste wieder aus und so weiter. Genau wie mein Vati. Aber es schmeckt nicht besonders. Ich bin etwas enttäuscht darüber, denn Mutti und Vati sagen beide, daß ich bald viel zu groß für diesen dummen Schnuller bin. Aber was gibt es denn sonst noch? Außer Zigarren? Natürlich Zigaretten. Denn die raucht Mutti. Und wenn sie das tut, muß es schon sehr gesund sein. Denn sie sagt ja auch immer, daß ich Möhrenbrei und Spinatbrei und all so etwas essen soll, weil es so gesund ist. Persönlich meine ich aber, daß sich Zigaretten am besten dazu eignen, sie aus der Packung zu holen und in zwei Teile zu brechen. Und dann in viele Teile. Es wird aber immer entdeckt, wenn ich eine Packung Zigaretten zerlegt habe. Und wenn meine Mutti dann die Zigarettenkrümel wieder zusammenkratzt, schimpft sie mit mir. Sie gibt mir nie eine ehrliche Chance, die Zigaretten wieder zusammenzusetzen und schön wieder in die Packung zu legen.

Bei solchen Sachen ist es nun mal nicht weit her mit Muttis Geduld.

Mmh . . . ich glaube schon, daß ich so einen ganzen Daumen aufessen könnte!

Mein Daumen schmeckt gut

Jetzt habe ich es schwarz auf weiß. Es ist schon ein Drama. Mein Vati hält zu mir, meine Mutti hält zu sich selbst, und alles dreht sich um meinen Daumen. Den linken. Der spielt die Hauptrolle im ganzen Stück.

Ich darf nicht daran lutschen. Sagt meine Mutti. Aber dann hat mein Vati in einem Buch über kleine Kinder etwas gefunden, und da steht – schwarz auf weiß, sagt er –, ich habe es selbst gehört, wie er es meiner Mutti laut vorgelesen hat: »Neuere Untersuchungen haben gezeigt, daß Fingerlutschen keine schlechte Gewohnheit ist, sondern einem kindlichen Bedürfnis entspricht.« Da habt ihr's! Zum Glück lassen sie die Sache jetzt etwas ruhen. aber ich kenne meine Mutti gut genug, um zu wissen, daß sie den Faden sofort wieder aufnimmt, sobald es ihr geglückt ist, ein Buch zu finden, in dem steht, daß die *allerneuesten* Untersuchungen gezeigt haben, daß Daumenlutschen doch eine schlechte Gewohnheit ist. Aber bis dahin genieße ich meinen Daumen. So ein Daumen schmeckt fast so gut wie richtiges Ham-Ham. Es ist aber merkwürdig . . . ich habe auch versucht, an den anderen Fingern zu lutschen, ich habe sogar die ganze Hand in den Mund gesteckt. Wie man es aber auch dreht und wendet, es bleibt dabei:
Im Daumen sitzt das ganze Aroma.

MUTTI . . . warum weine ich?

Mein Opa ist lustig

Ab und zu wohne ich nachts bei meiner Oma und meinem Opa. Und wenn ich dann meinen ganzen Schlaf für den Mittagsschlaf verbraucht habe, kann ich nicht schlafen, wenn sie mich abends zu Bett gebracht haben. Dann schreie ich eben. So richtig mit dem ganzen Gesicht, und dann geht die Vorstellung los! Mein Opa zeigt mir, wie er mit den Ohren wackeln und wie er »Brurr-brurr-brurr« sagen kann, wenn er mit dem Zeigefinger seine Lippen rauf und runter fährt. Früher durfte ich auch hören, wie seine Taschenuhr »Tick-Tack« macht. Aber jetzt sagt er, daß ich gegenüber Tick-Tack-Lauten resistent geworden bin. Statt dessen macht er jetzt Tiere. Er läuft im ganzen Schlafzimmer herum und schlägt mit den Armen und ruft »Gak-gak« wie ein Gak-gak-Huhn und »Mäh-mäh« wie ein Mäh-Lamm und »Miau-miau« wie eine Miau-Katze. Und dann will er, daß ich lache. Aber das kann ich ja nicht – weil ich noch nicht mit Schreien fertig bin. Ich bin nie mit dem Schreien fertig, bevor sie mich wieder hochnehmen und ich meinen Opa so weit habe, daß er Hottepferd spielt und ich bei ihm auf dem Rücken eine lange Hoppe-Reiter-Tour durch das ganze Haus mache. Wenn er dann mit einem seiner Hinterbeine nach hinten tritt und dabei wiehert, dann finde ich das lustig – und dann lache ich.

Aber die Sache mit dem Schlafen – die vergessen wir immer.

Meine Mutti hat in einem Buch gelesen, daß es einfach ist, mich vom Schnuller zu entwöhnen. Wirklich?

Ist mein Schnuller doof?

Mutti und Vati haben ein ganz blödes Spiel angefangen. Ich weiß überhaupt nicht, was es bedeuten soll. Für mich sieht es so aus, als ob sie mich nur ärgern und belästigen wollen. In höchstem Maße. Aber jedesmal, wenn sie damit anfangen, mache ich dann auch ein Geheul, als wollte ich den großen Heul-Orden mit Stern und Schulterband haben.

Sie nehmen mir meinen Schnuller weg. Ja, ihr müßt schon entschuldigen, aber daran kann ich gar nichts Lustiges finden. Sie sagen, daß ich nicht immer auf diesem doofen Schnuller herumnuckeln soll. »Brrr«, sagen sie, »schmeckt doch Ba-ba!« Dann nehmen sie ihn weg, und dann schreie ich, so laut ich kann: »Schmeckt gut-gut!« Aber das verstehen sie nicht. Es endet regelmäßig damit, daß ich meinen Schnuller wiederkriege. Wenn ich ihn dann wieder habe, mag ich nicht mehr schreien. Dann lutsche ich dran und fühle mich wohl – bis sie am nächsten Tag die gleiche blöde Nummer abziehen. Mutti hat in dem Buch über das erste Lebensjahr des Kindes gelesen, daß »es einfach ist, dem Kind das Dauerlutschen am Schnuller abzugewöhnen«. Also in diesem Punkt bin ich nicht ganz einig mit der Verfasserin dieses Buches. Jedenfalls lasse ich es auf einen Versuch ankommen. Au weia ... jetzt war Mutti wieder da und hat mir den Schnuller weggenommen.

WRÄÄÄÄÄÄÄÄÄÄÄÄÄHHHHH!!!

Mutti, bring mir schnell eine ganze Menge richtig nasses Wasser, mit dem ich planschen kann!

Planschen macht Spaß

Es gibt viele Sorten gutes Wasser. Das beste Wasser ist das, womit man planschen kann. Aber ich mag auch die Sorte Wasser, die im Wasserglas auf dem Tisch steht, weil man es umschmeißen kann, wenn man etwas am Tischtuch zieht. Mein großer Bruder mag am liebsten die Sorte Wasser, die draußen in den Wasserpfützen aufbewahrt wird, und in das man hineinspringen kann, so daß es nach allen Seiten spritzt. Aber das beste Wasser, das mein großer Bruder am aller-allerliebsten hat, das ist das Wasser, das man mit Erde mischen kann, und aus dem man richtige Matschkuchen machen und im ganzen Gesicht herumschmieren kann. Ich mag auch das Wasser in meiner Badewanne. Aber ich mag es nicht im allerersten Augenblick. Manchmal schreie ich erst einmal ein bißchen, wenn sie mich hineinsetzen wollen. Aber wenn ich dann mitten in meinem Badewannenwasser sitze und versuche, alle meine Bälle zu ertränken oder ihnen das Schwimmen beizubringen, dann macht es mir großen Spaß. Und dann will ich nicht wieder raus. Nicht bevor ich den ganzen Fußboden naß gespritzt habe. Eigentlich gibt es nur eine Sorte Wasser, die ich nicht ertragen kann.

Das ist das blöde Wasser, mit dem sie meine Ohren waschen.

Wenn ich groß bin, will ich genauso heißen wie mein alter Herr, er heißt Vati ...

Bin ich bloß eine Registriernummer?

Ich werde wohl immer Brüderchen heißen. Mutti und Vati finden keinen richtigen Namen für mich. Gestern abend haben sie in einem Buch mit vielen Namen geblättert. »Jetzt fangen wir von vorne an«, sagte Vati, »wie wäre es mit Ambrosius?« – »Nein«, sagte Mutti, »er soll doch nicht Bischof werden! – »Andreas?« – »Nein«, sagte Mutti, »das klingt so biblisch.« – »Albert?« – »Nein«, sagte Mutti, »so heißen alle englischen Haushofmeister.« – »Adebar?« – »Er ist doch kein Storch!« – »Na ja, dann August!« – »Du hättest wohl gerne einen Zirkusclown?« – »Vielleicht Anker?« – Meine Mutti war kurz vorm Zusammenbrechen. »Arnold? Das ist doch ein schöner alter Name.« – »Weiter«, sagte meine Mutti. – »Abel?« – Meine Mutti schüttelte den Kopf. – »Dann wäre noch Axel?« – »Ja«, sagte sie, »Axel und Walburga! Weiter.« – »Schließlich Adam?« – »Auch ein schöner, uralter Name!« – »Bleibt unter A nur noch Adonis!« – »Erst mal abwarten, ob er wirklich so schön wird«, sagte meine Mutti. »Was gibt es unter B?«

»Wenn wir gar nichts finden«, sagte Vati, »halten wir uns doch einfach an das Familienstammbuch beim Standesamt. Nennen wir ihn doch nach seiner Registriernummer!«

Aber hier protestierte ich mit lautem Geheul. Ich will keine Registriernummer sein.

Brrr . . . allein der Klang!

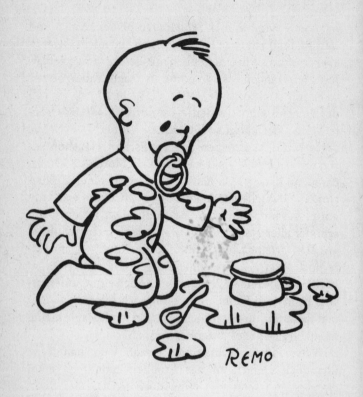

Es macht Spaß, etwas auf den Boden zu verlieren . . . wenn man nicht dafür kann.

Meine Mutti hat Nerven

Manchmal geht meine Mutti die Wände hoch. Meinetwegen. Ganz ohne Grund, denn mit mir ist ja alles in Ordnung, aber nicht mit ihr. Sie nimmt ihre Rolle als Mutter zu wichtig, sagt mein Vati. Sie kriegt zu wenig Schlaf, sagt meine Oma. Sie ist zu angespannt, sagt mein Opa. Das kann nicht gutgehen mit einer nervösen Mutter und einem schreienden Kind, sagt mein Onkel. »Sie wird ja ganz hysterisch«, sagt meine Tante, »denkt nur an die Sache mit der Soßenschüssel! Herrgott noch mal, als ob es die einzige Soßenschüssel auf der ganzen Welt wäre.«

Damit hat meine Tante völlig recht. Die Geschichte mit der Soßenschüssel war doch ganz harmlos. Ich habe nur ein bißchen am Tischtuch gezogen, so daß die Soßenschüssel mit der ganzen Soße auf unseren neuen Teppich polterte. Ich sagte es nicht, aber eigentlich hatte ich Lust zu sagen: »Oh, seht mal! Habe ich nicht einen schönen, großen Matschhaufen über den ganzen Teppich gemacht?« Meine Mutti wurde völlig hysterisch. Heulte und so weiter. »Ich kann bald nicht mehr!« schrie sie.

»Es sind bloß die Nerven«, flüsterte Vati meiner Oma zu. Und dann war es sehr still, während meine Mutti versuchte, fertig zu heulen. Sie konnte überhaupt keinen Lärm vertragen. Dann kam meine Oma mit einer Schachtel Aspirin und wollte ihr eine geben.

»Also gut«, gab sie sich endlich geschlagen, »aber mußt du denn so laut mit dem Deckel klappern?!«

Was ist hübscher? Die Farbe oder das Muster?

Werde ich ein neuer Picasso?

Vielleicht werde ich Künstler, wenn ich groß bin. Mein Vati sagt, es sei mir angeboren. Vielleicht werde ich ein neuer Picasso oder Hundertwasser, sagt er. Die kenne ich nicht. Sie wohnen nicht hier im Haus. Jedenfalls sagte mein Vati das, als Mutti ihn gebeten hatte, meine Malerei von der Wand abzuwischen. Ich hatte sie mit einem Glas roter Marmelade bemalt, die ich zusammen mit der Tischdecke auf den Fußboden gezogen hatte. Ich mag die kräftigen Farben. Aber ich glaube schon, daß meine Mutti es lieber sehen würde, wenn ich mich mit meinen künstlerischen Fähigkeiten etwas zurückhielte. Ich hatte dann auch Verständnis für sie, als sie die Marmelade zusammenkratzte, die ich nicht gebraucht hatte. Mein großer Bruder zeichnet und malt auch viel im Kindergarten. Heute erzählte er, daß die Kindergartentante gesagt hatte, sie sollten mal versuchen, etwas völlig Verkehrtes zu zeichnen. Zum Beispiel einen Hund, der einen Mann an der Leine zieht. Oder einen Kanarienvogel, der eine alte Dame in einem Käfig eingesperrt hat. Und all solche Sachen.

»Und du, was hast du dann gezeichnet?« fragte meine Mutti.

»Ich?« sagte mein großer Bruder, »ich habe Brüderchen gezeichnet, wie er Vati den Po pudert!«

Eigentlich habe ich nichts dagegen, auf dem Topf zu sitzen ... wenn ich bloß wüßte, warum ich hier sitzen soll!

Jetzt kann ich auf dem Topf sitzen

Meine Mutti und ich haben ein neues Spiel, wie im Zirkus. Ich kann nicht genau erklären, worum es geht, aber auf jeden Fall macht es viel Spaß. Ab und zu setzen sie mich auf etwas, das sie »den hohen Hut« nennen. Ohne Windel oder Hosen an. Und dann sagen sie, ich soll A-a machen. »Komm schon! Großes A-a!«

Und dann sitze ich da und freue mich, eigentlich geht es mir dann ganz gut. Zwischendurch heben Mutti oder Vati mich hoch und gucken in den hohen Hut hinein. »Aber es ist ja noch gar kein großes A-a gekommen«, sagten sie dann, »wollen wir es noch mal versuchen? Komm schon . . . großes A-a!«

Das können sie sehr lange machen. Aber zum Schluß haben sie keine Lust mehr, dann geben sie mir wieder Windel und Hosen an, und meine Mutti stellt den hohen Hut wieder in die Ecke. Sie sieht dann sehr enttäuscht aus. Und dann denke ich: »Es tut mir leid für meine liebe Mutti, daß der hohe Hut dieses große A-a nicht machen will.«

Und um ihr dann eine Freude zu machen, mache ich selbst A-a in die Windel.

Ein ganz, ganz großes!

Das beste Spielzeug, das je erfunden wurde, ist Muttis Lippenstift!

Lustiges Spielzeug

Ehrlich gesagt, es gibt Sachen, die schmecken besser als Muttis korallroter Lippenstift. Andererseits sage ich aber auch nicht: Danke, für mich keinen Lippenstift mehr! Denn man kann eine Menge Spaß mit so einem Lippenstift haben. Nicht nur, daß man sich das ganze Gesicht damit bemalen kann, auch die Decke läßt sich bemalen. Und das Kopfkissen. Es gibt bestimmt nicht viele Babys in meinem Alter, deren Decke genauso schick ist wie meine gestern war, als ich mit Muttis Lippenstift fertig war. Ein bißchen habe ich auch davon gegessen. Aber das war nicht besonders. Ich habe es wieder ausgespuckt. Und dann kam Mutti. Sie schrie auf und stürzte heraus, um Vati zu holen.

Manchmal sind ihre Reaktionen sehr heftig. Bei ganzen Kleinigkeiten. Hier brauchte sie doch nun wirklich keine große Geschichte draus zu machen. Ich habe selbst gesehen, daß sie viel mehr als nur einen Lippenstift hat. Aber es gab also Krach, und den Rest des Tages haben sie an mir herumgewaschen. Es half aber alles nichts, ich blieb überall korallrot.

»Eigentlich ist das gar keine so schlechte Neuschöpfung«, sagte mein Vati, »weiße, schwarze und gelbe Babys gab es schon immer. Aber ein korallrotes?!«

Wenn ich fotografiert werden soll, muß ich immer fröhlich aussehen. Sehe ich jetzt fröhlich aus?

Ein blödes Spiel

Mutti und Vati haben ein blödes Spiel. Na ja, eigentlich mehr mein Vati. Noch weiß ich nicht, was der Sinn dieses Spiels ist, denn im Grunde gibt es keinen. Es geht jedenfalls so, daß sie plötzlich sagen, jetzt soll ich fröhlich aussehen, und dann hebt Vati einen kleinen, schwarzen Kasten vor sein Gesicht, so daß man ihn kaum noch sehen kann, ganz plötzlich kommt dann ein sehr scharfes Licht, es sagt KLICK, und das ist alles. Abgesehen davon, daß ich manchmal anfange zu weinen, weil ich das scharfe Licht nicht mag.

Und dann sagt Vati: »Das ist bestimmt etwas geworden!« Manchmal sagt er auch: »Ich knipse gleich noch einmal, wenn er ganz richtig aussieht!«

Ganz richtig aussieht? Sehe ich denn nicht immer richtig aus? Man sieht doch wohl so aus, wie man aussieht! Als ich vor kurzem bei meinem Opa auf dem Schoß saß, und Vati sagte, daß ich wieder fröhlich aussehen sollte, sagte es wieder KLICK, und Vati sagte zu Opa:

»Ein Gutes haben Säuglinge ja an sich: sie laufen jedenfalls nicht mit stolzgeschwellter Brust durch die Gegend und zeigen jede Menge Fotos von ihren Wundereltern!«

Ein Schnuller ist das beste Essen, das ich kenne. Wenn ich groß und reich bin, kaufe ich alle Schnuller, die es auf der Welt gibt.

Ist Möhrenbrei eßbar?

Mutti gibt mir jetzt etwas anderes zu essen. Na ja, eigentlich ist es kein richtiges Essen, sondern etwas ganz
Merkwürdiges; sie nennen es *Brei*. Es gibt Möhrenbrei
und Birnenbrei und Apfelbrei und Kartoffelbrei und all
so'n Kram. Sie schmieren es mir in das ganze Gesicht,
weil ich nichts von diesem matschigen Zeug in meinem
Mund haben will, ich mag viel lieber schöne, warme
Milch. Einen Teil von dem blöden Brei stopfen sie dann
in meine Nase, und dann weine ich und schlage den Löffel weg, so daß der Rest vom Brei direkt in Muttis Gesicht landet, manchmal auch an einer anderen guten Stelle. Doch die letzten paar Male ist dennoch etwas vom
Brei in meinen Mund geflutscht, und ich habe auch etwas heruntergeschluckt. Ich glaube, es ist doch der eine
oder andere Geschmack dabei, den ich gut gebrauchen
kann. Aber ich bin mir noch nicht ganz sicher. Jedenfalls
mag ich nicht die Sorte Brei, die Spinat genannt wird.
Pfuiii! Mutti sagt, wenn ich richtig viel Spinat esse, dann
werde ich groß und stark.

Nun gut, dann laßt mich ganz schnell groß und stark
werden, so daß ich endlich Spinat verweigern kann.

Wenn Sophus groß wird, soll er auch lernen, auf dem Topf zu sitzen, sagt meine Mutti.

Mein Topf funktioniert jetzt

Es hat lange gedauert, aber langsam weiß ich jetzt, wozu mein Topf gut ist. Man kann Bauklötze hineintun und damit klappern. Man kann auch mit seiner Rassel darin herumhämmern und dabei große Musik machen. Und man kann ihn zu einer der Topfpflanzen schieben, die Mutti auf dem Fußboden stehen hat, und versuchen, die Blume umzupflanzen. Aber das schaffe ich noch nicht ganz. Ich kann die Blume nur umwerfen. Ich schaffe es auch schon fast, mein Fläschchen in den Topf zu leeren. Mit anderen Worten: mein Topf funktioniert. Aber man würde ja auch keine Töpfe machen, wenn sie nicht zu irgend etwas nütze wären. Als ich gestern einen Augenblick alleine im Wohnzimmer war, habe ich herrlich mit ein paar Fleischklößen in meinem Topf herumgemanscht. Das sah richtig hübsch aus, und als Vati aus dem Garten kam und in den Topf guckte, sah er richtig glücklich und zufrieden aus.

»Großer, großer Junge«, sagte er, »machst großen, großen Haufen in feinen, feinen Topf!«

Na ja, ab und zu braucht man ja auch etwas Lob.

Blumen pflanzen ist nicht gerade meine Stärke. Aber ich kann sie schon sehr gut umwerfen!

Jetzt essen wir

Das, was ich zur Zeit mache, nennen Mutti und Vati Essensverweigerung. Ich weiß nicht richtig, worauf es hinausläuft, aber immer, wenn ich essen soll, machen sie eine große Geschichte daraus. Vieles von dem, was sie mir einfüllen wollen, mag ich nämlich nicht essen. Man kann ja auch außerhalb der Mahlzeiten einige der Blumen im Wohnzimmer essen oder wenigstens daran schmecken. Manchmal esse ich auch etwas von dem Matsch, den mein großer Bruder gemacht hat, auch den Saft aus den Teppichfransen kann ich auslutschen. Aber richtiges Essen, nein, damit mag ich keine Zeit verlieren! Dann streiten sich Mutti und Vati, und dann sagt Vati: »Laß mich mal!« Und dann nähert sich der Löffel mit dem Essen langsam meinem Mund, der ganz fest zusammengepreßt ist, und dann sagt Vati:

»Mmh, feines Ham-Ham . . . sei jetzt ein großer Junge und mach deinen Mund schön auf . . . Tatü . . . jetzt fährt das Tatü-Auto in die Garage . . . und . . .«

Na ja, dann mache ich auch den Mund auf, und Vati leert den Löffel in meinen Mund. Dann blickt er Mutti triumphierend an und sagt: »Siehst du, mit etwas psychologischem Geschick klappt es!«

Dann lasse ich das Essen ganz langsam wieder aus dem Mund heraussickern. Alles.

»Ja, Vatilein, du machst es richtig!« sagt meine Mutti.

Mutti und Vati glauben, daß ich schön in meinem Wagen liege und meinen Mittagsschlaf halte.

Ich habe einen eigenen Wagen

Ich fahre gut. Ich habe ein Junior Baby Coupé DS Super mit vollsynchronisierten, selbstjustierenden Scheibenbremsen an allen vier Rädern, Vorder- und Hinterradantrieb und Vier-Kreis-Federungssystem. Mein Wagen ist zylinderfrei mit semi-automatischer Niveauregulierung und echter Powerlenkung (wenn mein Vati ihn lenkt), er hat eine Höchstgeschwindigkeit von 24 km/h (wenn Vati ihn zum Fußballplatz fährt und sich etwas verspätet hat). Aber dann rast er auch los, so daß Kinder und alte Damen sich in den Rinnstein retten müssen, wenn wir angebraust kommen, Vati und ich.

In meinem Wagen halte ich auch meinen Mittagsschlaf. Wenn ich schön lange geschlafen habe, kann es passieren, daß sich etwas Kondenswasser im Boden bildet, aber abgesehen davon funktioniert er gut. Auch wenn er schon ein paar Kratzer im Lack hat, die Reifen kein Profil mehr haben und sich schon einige Roststellen zeigen, denn ich habe ihn ja von meinem großen Bruder geerbt. Vati sagt auch, daß er nicht durch den TÜV kommen würde.

»Aber das kannst du, mein Schatz!« sagt er dann zu mir. Das hat er aber lieb gesagt.

Alle sagen, daß mein neuer Pullover schick aussieht. Aber niemand sagt, daß i c h schick aussehe!

Pullover mag ich nicht

Ich trage jetzt keine Strampelanzüge mehr, sondern richtige Hosen. Meinetwegen könnte ich ruhig wieder Strampelanzüge tragen, denn diese richtigen Hosen mag ich nicht – weil diese blöden gestrickten Pullover dazugehören. Meine Oma strickt sie. Das Garn kommt dabei von einem Ball, der auf dem Fußboden rollt. Immer wenn ich sie besuche, muß ich einen Pullover anprobieren. Und das Anprobieren endet immer damit, daß ich den Kopf durch ein Loch stecken soll, und das ist gar nicht angenehm. Meine Oma versteht es nicht, Löcher zu stricken, durch die mein Kopf geht ohne zu weinen. »Meine Güte, das ist ja furchtbar, wie du schon wieder gewachsen bist!« sagt sie immer. Was ist denn daran furchtbar? Als ich gestern wieder einen neuen Pullover anziehen sollte, ging mein Kopf überhaupt nicht durch das Loch. Meine Nase wurde ganz plattgedrückt, bevor es endlich klappte. »Mein Gott«, sagte meine Oma und wurde schon ganz viereckig im Gesicht, »wir haben doch wohl nicht den Kopf durch ein Knopfloch gesteckt?«

Im übrigen habe ich bemerkt, daß ich nur dann gestrickte Pullover anziehen soll, wenn Mutti friert.

Wenn doch bloß bald jemand käme, um mich von diesem blöden Topf zu nehmen! Ich muß nämlich mal . . .

Ich bin ein großer Junge

Ich bin etwas traurig darüber, daß ich immer undicht bin. Mutti und Vati und mein großer Bruder sind längst nicht so undicht. Und sie tun gar nichts dagegen, daß ich so undicht bin, jedenfalls nichts von Bedeutung. Diesen ganzen Quatsch mit den Windeln könnten sie sich sparen, denn es hilft ja doch nichts. Aber als eines Tages ein Wasserrohr im Keller ein Leck hatte, da haben sie sofort einen Mann geholt, der dann auch sofort ein anderes Wasserrohr anbrachte, das nicht undicht war. Mich hat der Mann dabei gar nicht beachtet. Trotzdem ist das Interesse von Mutti und Vati zur Zeit sehr stark genau darauf konzentriert, daß ich eben undicht bin. Ich soll an den Topf gewöhnt werden, sagen sie. Aber das verstehe ich nicht ganz. Wenn ich einen großen Bach auf den Teppich pinkle, wo es so schön wegsickert, sind sie sauer. Aber wenn ich einen kleinen Bach in den Topf pinkle, stehen sie da und loben mich über alles und nennen mich einen großen Jungen. Und das, obwohl nur sieben Tröpfchen in dem blöden Topf sind. Ich bin aber der Meinung, daß ich ein viel größerer Junge bin, wenn ich fast den ganzen Teppich naß machen kann.

Oder etwa nicht?

Eigentlich sollte ich schlafen, aber ich habe nicht die geringste Ahnung, was ich machen soll . . .

Zahnschmerzen

Manchmal liege ich nachts im Bett und weiß nicht so richtig, was ich machen soll. Aber wenn ich mich dann eine Zeitlang gelangweilt habe, dann rufe ich nach Mutti und Vati. Sie sagen jedoch, daß ich nur so da liege und vor mich hin brabble. Und daher kommen sie nicht. Aber dann setze ich den Alarm in Gang. WRÄ-Ä-Ä-Ä-H-H!! Volle Pulle. Und dann kommen sie herbeigestürzt. Ich aber bin sauer. Auch wenn sie mich auf den Arm nehmen und im Zimmer mit mir hin und her wandern, weine ich doch weiter, weil ich immer noch sauer bin. Sie sagen dann, daß ich Zähne kriege. Sie können aber sagen, was sie wollen, ich heule weiter. Und dann versuchen sie, mir etwas zu essen zu geben, und wenn das nichts hilft, geben sie mir eine frische Windel, und wenn das auch nicht hilft, geben sie mir mein Spielzeug. Jetzt geht es aber um meine Ehre, und ich heule weiter. Und eigentlich geht es mir auch nicht mehr besonders gut, weil es eine blöde Nacht ist, und weil ich nicht geschlafen habe. Am nächsten Morgen sagen sie, daß sie die ganze Nacht kein Auge zugemacht haben. Sie fragen nicht danach, ob ich ein Auge zugemacht habe oder nicht.

Aber so sind Eltern.

Warum nennen sie das bloß einen Laufstall, wenn man doch nicht zu seinem Spielzeug hinauslaufen kann?

Blöder Laufstall

Ein Laufstall hat viele Vorteile, sagt meine Mutti. Wenn ich in der Küche zu tun habe, sagt sie, kann ich den Laufstall mitnehmen. Und dann weiß ich, wo ich ihn habe. Also haben sie so einen blöden Laufstall gekauft. Als sie mich das erstemal hineingesetzt haben, habe ich aus vollem Hals geschrien. Ich saß hinter Gittern. Wenn keine Gitter davor wären, könnte es ja noch angehen. Aber sie behaupten, daß ich mich schon noch daran gewöhnen werde. Aber das tue ich einfach nicht. Ich komme nämlich nicht an mein Spielzeug. Ich schmeiße es aus dem Laufstall heraus und muß dann immer weinen, damit sie es wieder hereinschmeißen. Am Ende geben sie auf und nehmen mich wieder heraus. Und dann nehme ich mein ganzes Spielzeug und schmeiße es in den Laufstall hinein. Und dann muß ich weinen, um es wiederzukriegen. Nein, ich und ein Laufstall, das ist nicht so das Wahre. Als ich gerade eben weinte, weil ich raus wollte, hob Vati mich hoch und sagte:

»Du mußt aber bald lernen, heimisch zu werden, Junge! Dieses rastlose Zigeunerleben kann so nicht weitergehen!«

Wenn sie wirklich so viel vom Laufstall halten, warum ziehen sie dann nicht selbst rein?

Hallo . . . wollen wir spielen?

Bin ich ein Zwilling?

Vielleicht bin ich ein Zwilling. Ich weiß es noch nicht genau. Irgendwie ist aber ein Haken dabei. Mein Zwillingsbruder will nämlich nie richtig mit mir spielen. Er will mich nur ansehen und ein fröhliches Gesicht machen, wenn er mich entdeckt hat. Manchmal winkt er mir auch zu. Und unterhält sich ein bißchen mit mir. Aber nie recht lange. Und das auch nur dann, wenn meine Oma oder mein Opa oder so jemand mir etwas vorhalten, was sie einen Spiegel nennen. »Sieh mal«, sagen sie dann, »was da für ein hübscher Junge drin ist! Wer mag das wohl sein? Ob er dein süßer, kleiner Zwillingsbruder ist? Wink ihm doch mal zu!«

Na gut, dann winke ich etwas. Und er winkt auch etwas. Aber dann habe ich keine Lust mehr, und es trifft sich gut, daß mein Zwillingsbruder auch keine Lust mehr hat. Dann mache ich ein saures Gesicht, und das tut er auch. Wenn ich mich dann umdrehe, bin ich genauso schlau wie vorher. Habe ich nun einen Zwillingsbruder oder habe ich keinen Zwillingsbruder? Ich kann nicht gerade behaupten, daß meine Oma oder irgend jemand von den anderen, die mich vor einen Spiegel halten, irgend etwas tun, um mir beim Lösen meines Problems zu helfen.

Habe ich einen Doppelgänger? Oder bin ich bloß ich selbst? Man muß sich wahrhaftig um vieles kümmern.

Was kriege ich, wenn ihr meinen neuen Zahn sehen dürft?

Eine Weltsensation

Zur Zeit bin ich sehr gereizt und nervös. Ich sabbere und knabbere alles an, was in meine Nähe kommt. Gebt mir einen Kasten mit Bauklötzen und ich habe sie innerhalb kürzester Zeit zu einem Eimer Sägespäne umgeknabbert. Ich zahne, und Mutti und Vati ringen die Hände, weil sie nicht wissen, was sie mit mir machen sollen. »Armer kleiner Schatz«, sagt meine Mutti und fühlt an meinem Gaumen, und obwohl ich nicht mag, wenn Leute mir im Schädel herumwühlen, so hilft es doch ein bißchen – aber nicht sehr lange und nicht sehr viel, und ich bin weiterhin sauer und gereizt und wenig umgänglich. Gestern jedoch, als mein Vati die ganze Zeit mit seinem Zeigefinger in meinem Gaumen herumgewühlt hatte, war ich es plötzlich satt und biß ihn an der allerbesten Stelle, direkt an der Nagelwurzel. »Au, zum . . .!« schrie er und erwähnte jemand, den ich nicht kenne. Und dann raste er in die Küche zu meiner Mutti und rief:

»Du, er ist da! Er hat einen Zahn!«

Und dann hatten sie den ganzen Tag damit zu tun, die Neuigkeit herumzutelefonieren.

Wenn ich es richtig verstanden habe, bin ich das erste Baby auf der ganzen Welt, das jemals einen Zahn gekriegt hat.

Hau ab!

Ärger mit dem da im Spiegel

Ich habe mich mit meinem Zwillingsbruder verkracht. Diesem merkwürdigen Kerl da im Spiegel drin. Ich weiß nicht, was mit ihm los ist, aber manchmal glaube ich, daß er nur auf Ärger aus ist. Wenn ich ihn gerade im Spiegel erblickt habe, ist er sehr lieb. Aber er glotzt bloß. Und er antwortet nie, wenn ich mit ihm spreche. Er ist auch dumm, wenn ich auf andere Weise versuche, mit ihm Kontakt aufzunehmen – ihm zum Beispiel meinen Schnuller hinhalte, damit er einen kräftigen Zug nehmen kann. Das ist doch wohl freundlich gemeint, oder? Aber er will überhaupt nicht daran schmecken, obwohl ich ihm damit im ganzen Gesicht herumfahre. Und dann kriegen wir Krach. Heute haute ich den Spiegel direkt in einen meiner Bauklötze. BANG, sagte es, und dann ging er ganz kaputt. Als ich dann wieder hineinsah, war mein Zwillingsbruder abgehauen.

Und was war mit mir? Ich saß allein in meinem Laufstall und verstand überhaupt nichts mehr. Und als meine Mutti dann auftauchte, war ich es natürlich, mit dem geschimpft wurde. Mein Zwillingsbruder hielt sich immer noch versteckt. Er wollte keine Schimpfe haben, obwohl es auch seine Schuld war.

So ein Feigling.

Heute habe ich versucht, meinen Möhrenbrei allein zu essen ... bin
aber überhaupt nicht satt ...

Ich esse jetzt mit dem Löffel

Ich kann mit dem Löffel essen. Heute habe ich im kleinen damit angefangen. Mit einer großen Portion Haferflocken. Es ist gar nicht so einfach, wie es aussieht. Meine Mutti und mein Vati und mein großer Bruder können sowohl mit dem Messer als auch mit der Gabel essen, und sie spielen dabei überhaupt nicht mit dem Essen. Sie kneten sich weder die Grütze ins Gesicht noch schmieren sie sich Soße in die Haare. Sie sitzen nur ganz gewöhnlich und langweilig da und stecken sich alles in den Mund. Aber ich! Vati sagt, daß ich das einzige Baby nördlich der Alpen bin, das Haferflocken essen kann, ohne den Mund zu öffnen! Aber alles habe ich dann doch nicht gegessen. Ich entdeckte nämlich, daß es viel mehr Spaß macht, mit dem Löffel in den Teller zu schlagen, daß die Milch nach allen Seiten spritzt! Dann las mein Vati in einem Buch: »Wenn das Kind anfängt, mit dem Essen zu spielen, ist der Zeitpunkt gekommen, den Teller außer Reichweite zu stellen.« Das taten sie dann. Und ich machte ein riesiges Geheul. Dann war der Zeitpunkt gekommen, den Teller wieder in meine Reichweite zu stellen. Und das Fest konnte weitergehen. Als mein Teller leer war, hatten Mutti und Vati und mein großer Bruder überall im Gesicht und in den Haaren Haferflocken.

»Mmh-ah-ham-mmh-bah!« sagte ich und warf ordentlich den Löffel auf den Tisch.

Das hieß: »Gesegnete Mahlzeit!«

Warum versteckt Mutti bloß immer mein bestes Spielzeug in der Küchenschublade?

Mein schönstes Spielzeug

Ich habe gutes Spielzeug und blödes Spielzeug. Mein bestes Spielzeug ist natürlich alles das, was ich in den Mund stecken kann, Bauklötze und Plastikringe und solche Sachen. Einige meiner Teddybären sind auch ganz gut, und meine neue Stoffpuppe, die meine Oma gemacht hat. Obgleich mein Vati sagt, daß Jungs nicht mit Puppen spielen sollen. »Nein, das hast du ja auch nie getan, oder?« sagt meine Mutti dann mit so einem merk-würdigen Unterton. Dann gibt es noch all mein blödes Spielzeug. Alle großen Sachen, die ich nicht über den Fußboden schmeißen kann, sind nicht viel wert. Mein al-lerbestes Spielzeug versteckt Mutti aus irgendeinem Grunde in der Küche. In der Schublade, auf der ich ste-hen kann, wenn sie etwas herausgezogen ist. Da unten drin liegt all mein sehr schönes Spielzeug. Kochlöffel, Sieb, Fleischhammer, Reibeisen, Trichter, Kuchenfor-men, Schlagbesen, Dosenöffner und solch schöne Sa-chen. Es ist alles dazu eingerichtet, in der Schublade da-mit Krach zu machen und es auf den Fußboden zu schmeißen. Ich begreife nur nicht, warum Mutti gerade mein bestes Spielzeug unbedingt draußen in der Küche verstecken muß, statt es mir im Wohnzimmer in meine Spielzeugkiste zu geben, wo es doch hingehört.

Das hat sie wohl noch nicht ganz begriffen.

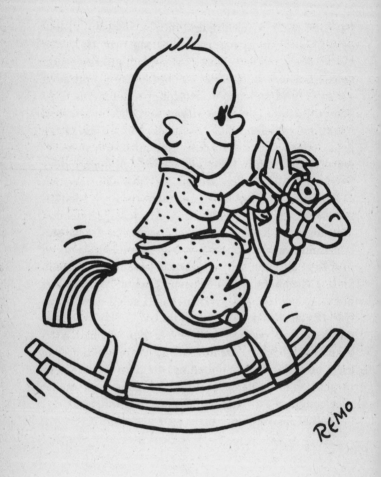

Aus dem Weg!

Mein lustiges Schaukelpferd

Ich habe einen neuen Spielkameraden. Mutti und Vati nennen ihn ein Schaukelpferd. Noch genauer: ein Hotte-Hü-Pferd. Damit kann man ganz weit reiten, also richtige Schaukelritte. Wenn ich richtig reite, kann es schon vorkommen, daß es im Magen kitzelt, und dann lache ich. Aber wenn das Schaukelpferd dann wild wird, mag ich nicht mehr, und dann weine ich. Trotzdem liebe ich mein Hotte-Hü-Pferd. Es ist schön, einen Freund zu haben, auch wenn ich ihn nicht mit ins Bett nehmen darf. Mein großer Bruder reitet auch manchmal darauf. Aber er kann nicht richtig aufpassen, das Schaukelpferd wird dann ganz wild und wirft ihn ab. Dann haben wir was zum Lachen. Ich will dann auch genauso verrückt darauf reiten, aber Mutti verbietet es mir. Dann gibt es Krach, und ich muß weinen, und ganz plötzlich ist dann mein Hotte-Hü-Pferd weg. Es kann dann mehrere Tage dauern, bevor es wieder da ist. Ich weiß immer noch nicht, wohin es immer läuft, wenn es wegläuft. Wenn ich dann ganz laut »Pruhh-Pruhh« rufe, damit es wiederkommt, sagt Mutti, daß es das doch nicht hören kann, weil es ganz weit weg ist.

Aber wo ist es bloß?

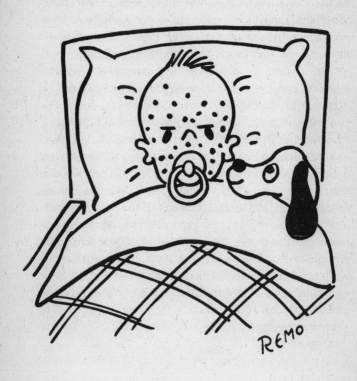

Das schlimmste an den Masern ist, daß ich nicht einmal Lust habe, un-
artig zu sein . . .

Ich mag keine Masern

O nein, Masern sind wirklich nichts für mich. Hier war ein Mann, meine Mutti nannte ihn Doktor. »O ja«, sagte er, »es sind die Masern.« Als er das gesagt hatte, kriegte er etwas Geld und ging seiner Wege. Er vergaß bloß, meine Masern mitzunehmen. Langsam habe ich genug von den Masern. Sie machen mich ganz matt und schlaff, so schlaff, daß ich nicht einmal Lust habe zu weinen. Ich liege nur so da und bin ganz abgeschlafft. Jedesmal, wenn Mutti oder Vati in mein Zimmer kommen, um nach mir zu sehen, werden sie überall im Gesicht ganz ernst, und mein großer Bruder darf mich nicht anfassen. Er darf nicht einmal an mein Bett kommen, obwohl sie sagen, daß er die Masern schon gehabt hat. Die Röteln hat er auch schon gehabt. Ich habe sie nicht bei ihm gesehen. Er hat sie wohl kaputtgemacht. Ich mag nichts kaputtmachen. Ich mag überhaupt nichts. Meine blöden Masern fingen hinter den Ohren an. Sie lagen einen ganzen Tag dahinter und versteckten sich, bevor sie sich herauswagten. Sagt Vati. Aber ich mag sie nicht, und sie sollen bald wieder verschwinden.

Ein ganz kleines bißchen hilft es, wenn Mutti sich über mich beugt und sagt:

»Armer, armer kleiner Schatz!«

Das lindert.

Ich spreche mit Tuut-tuut-tuut . . .

Ich spreche mit dem Telefon

Mutti und Vati nennen es Telefon. Es ist kein richtiger Mensch, aber sie sprechen trotzdem sehr viel mit ihm. Wenn es manchmal so dasteht und sich langweilt, wird es plötzlich ungeduldig und ruft sie. Ring-ring-ring, sagt es, und dann kommen Mutti oder Vati gestürzt und reden beruhigend darauf ein. Mutti kann am besten mit ihm reden, und wenn sie ihm von mir erzählt, dauert es manchmal sehr, sehr lange. Ab und zu versuche ich auch, mit dem Telefon zu sprechen, es scheint aber so, daß es nicht richtig versteht, was ich meine, wenn ich sage: »Ah-brll-ah-brll-ah-brll!« Dann sagt es bloß »Tuuut«, und das ist nun nicht gerade das, was ich unter einem gemütlichen Plausch verstehe. Wenn ich aber genauso wie Mutti oder Vati etwas an der Scheibe drehe, dann sagt es manchmal etwas Richtiges, und dann sage ich auch etwas Richtiges: »Boo-boo-oh-di-jah-bah-ah-te-te-te-go-gohh!«

Und wenn ich dann eine ganze Menge solcher Sachen gesagt habe, fragt es, mit wem ich sprechen möchte. Ich will natürlich mit dem Telefon sprechen.

Ob es wirklich kein Deutsch versteht?

Warum sagst du denn nie etwas? Es braucht ja nichts Vernünftiges sein!

Jeder hat seine eigene Sprache

Ich habe angefangen zu sprechen. Aber das ist vielleicht verrückt, denn jetzt zeigt es sich, daß Mutti und Vati und mein großer Bruder eine ganz andere Sprache sprechen als ich. Wenn ich Hunger habe, sage ich: »Ham-mam, Ham-mam« oder »Ah-baba-baba«, aber mein Vati sagt das ganz anders. Er sagt: »Ist das Essen immer noch nicht fertig?« Wenn ich einen großen Haufen in der Windel habe, sage ich »Ah-puuhh-ah-puuhh« oder »Ahh-diijjj«. Wenn Vati das hört, strahlt er übers ganze Gesicht und ruft Mutti zu: »Du, ich glaube, er versucht ›Vati‹ zu sagen!!« Er riecht nie an meiner Windel, um zu verstehen, wovon ich rede. Sage ich aber »Ah-brll-ah-brll-ah-brll«, dann versteht Mutti sehr gut, daß ich nur sagen will: »Geht es uns nicht gut?« Das ist meistens dann, wenn ich auf dem Wickeltisch liege und gerade frisch eingepudert bin. Aber das ist dann auch schon fast alles, was sie verstehen. Sie wissen auch, was es bedeutet, wenn ich sage: »Ahooooh-hhhh!!« Das sage ich immer, wenn ich etwas umgeworfen habe. Eigentlich sollte ich dann ja »Hopp-la« oder »Verdammt« sagen, aber ich finde, so klingt es viel interessanter. Denn es ist ja immer interessant, etwas umzuwerfen. Wenn Oma oder Opa kommen, sage ich: »Ah-da-da-da-da!« – »Hört mal«, sagen sie dann, »er will guten Tag sagen.«

Und dabei sage ich bloß:

»Da kommt die, die mir immer Schokolade gibt!«

Jetzt kenne ich alle Zahlen . . . ganz bis zwei!

Vielleicht werde ich Atomphysiker

Meine Oma sagt, daß ich mich zu einem kleinen intelligenten Kind entwickelt habe. Sie hat mir ein Rechenbrett geschenkt, und ich kann schon richtig damit zählen und rechnen. Aber nur leichte Aufgaben bis zwei. Und ohne Garantie, ob die Lösung richtig oder falsch ist. Aber es macht viel Spaß, die Kugeln hin- und herzuschieben, und wenn ich dann meine Stirn an der richtigen Stelle in Falten lege, so daß ich ganz »nachdenklich« aussehe, wie meine Oma das nennt, dann sehen sie mich alle voller Bewunderung an, und Opa sagt, ich werde wohl einmal Atomphysiker oder Philosoph oder Bankdirektor. Vielleicht kriege ich sogar den Nobelpreis. Sagt mein Opa. Als ich vorhin gerade die Kugeln hin- und herschob , begeisterte sich plötzlich sein ganzes Gesicht, und er sagte: »Es ist doch ganz klar, was er da gerade ausrechnet. Vier – ja, das stimmt genau – er hat mich gerade mit seinem neuen Zahn viermal in den Finger gebissen!«

Ich hatte keine Ahnung, daß ich ihn genau viermal gebissen hatte. Ich dachte, ich hätte ihn hunderttausendmillionentausendmal gebissen. Das ist doch viel, oder?

Ich meine, an einem Tag.

Schreibt man »Liebe Mutti und Vati« mit einem oder mit zwei Kringelchen?

Jetzt kann ich auch schreiben

Ich habe eine wichtige Notiz für meine Mutti geschrieben. Und einen Brief an Opa. Und in aller Eile ein paar Worte an Oma. Und meinem Vati eine Nachricht hinterlassen. Ich habe nämlich den Bleistift von meinem großen Bruder ausgeliehen. Genau den, der ganz schwarz schreiben kann. Ich hatte Mutti so viel zu erzählen, daß es nicht alles auf einen normalen Schreibblock paßte. Aber das machte nichts. An der Wand war ja noch Platz genug. Ich nahm die Wand, die Vati gerade gestrichen hatte, denn die sah am schönsten aus. Jetzt bin ich sehr gespannt, was sie wohl sagen werden, wenn sie meine Briefe finden. Ich glaube, ich weiß, was Mutti sagen wird:

»Ach, mein kleiner Schatz«, wird sie wohl sagen, »ist Post gekommen?«

Bei Vati ist das nicht so leicht zu sagen. Aber von früheren Gelegenheiten, als ich ihm einen Brief an die Wand geschrieben habe, weiß ich, daß er es am liebsten hat, wenn ich mich kurz fasse. Das habe ich auch getan. Ich habe nur geschrieben:

»Hallo, Vati!«

Wenn ich ein richtig schönes Wort legen will, hilft mir mein großer Bruder ...

Au verdammt!

Ich bin im Windelalter, im Trotzalter, im Schnulleralter und im Krabbelalter. Aber ganz besonders freue ich mich auf das Alter, wo ich fluchen kann. Da ist mein großer Bruder gerade drin. Und das hört sich immer sehr spannend an. Manchmal sagt er:

»Au, zum . . .!«

Aber nicht genug damit, daß er »Au, zum« sagt, er sagt auch noch den Nachnamen dazu. Und das darf er nicht, sagen Mutti und Vati. Mutti mag es überhaupt nicht, wenn er flucht. »Es kommt noch so weit, daß er genauso furchtbar flucht wie die Leute in den Kindersendungen im Fernsehen«, sagt sie. Ab und zu kommt mein großer Bruder dann zu mir und klärt mich darüber auf, zwischen welchen Flüchen ich wählen kann, wenn ich groß bin.

»Du darfst nie ›zum Teufel‹ oder ›zum Henker‹ sagen, wenn Mutti oder Vati es hören können, aber wenn es mal wirklich notwendig sein sollte, dann darfst du ruhig sagen: ›zum Kuckuck‹, ›zum Heulen‹, ›zum Davonlaufen‹. Und es passiert nie etwas, wenn du sagst ›zum Beispiel‹!«

Gestern mußte er sich wieder in die Ecke stellen, nachdem Mutti ihn gefragt hatte, wo er meinen kleinen, roten Ball hingetan hatte.

»Der rollte verdammt unter das verfluchte Sofa, zum Teufel!« sagte er.

Das hieß dann aber für ihn: »Ab in die Ecke! Schäm dich!«

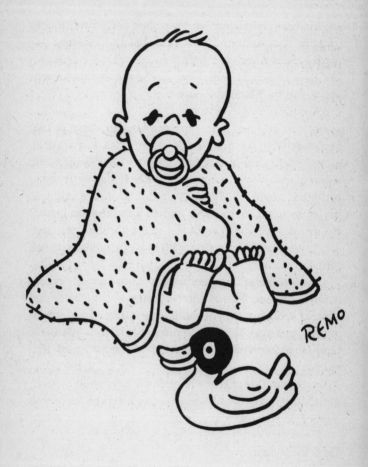

Heute war es gar nicht so schlimm, zu baden. Ich wurde fast überhaupt nicht naß. Dafür aber Mutti!

Vati ist ein Junge

Mutti und Vati machen immer wieder neue und interessante Dinge mit mir. Jetzt haben sie versucht, mich in der richtigen großen Badewanne zu baden. Darin schwimmt ein richtiges großes Meer, in das man vorsichtig hineingesetzt wird. Zuerst legte ich scharfen Protest ein und wollte überhaupt nicht. Aber als ich eine Zeitlang mitten im Meer gesessen und das Wasser etwas gestreichelt hatte, um mich mit ihm anzufreunden, und es dann kleine Wellen machte, die um so größer wurden, je mehr ich das Wasser streichelte, dann machte es eigentlich doch Spaß. Mein großer Bruder sitzt auch immer in der großen Badewanne. Und er nimmt immer eine Menge Schiffe und Bälle und Spielzeug mit, wenn er badet. Gestern hatte er so viel Spielzeug mit in die Badewanne geschleppt, daß Mutti ihn vor lauter Bällen und Badetieren gar nicht finden konnte. »Sag mal Kuckuck!« mußte sie rufen, bevor sie ihn fand.

Damit ich nicht zu große Angst haben sollte, als ich in das große Meer in der großen Badewanne sollte, stieg mein Vati erst hinein. Er hatte sich ganz ausgezogen. Und da bemerkte ich etwas, was ich vorher noch nicht so richtig bemerkt hatte.

Mein Vati ist ein Junge, genau wie ich.

Ob meine Mutti das weiß?

Ich mag dich, und du magst mich. Wir mögen uns, ja?

Ich spreche mit Tieren

Ich kann mit Tieren sprechen. Und mit Teddys und Puppen. Ich kann mit ihnen allen reden. Am besten kann ich aber mit meinem Teddy sprechen. Der ist lieb. Obwohl er nie schlafen will, wenn ich ihn in meinem Bett habe. Er wühlt immer unter der Decke herum und will immer herausspringen. Aber dann vermisse ich ihn, und dann muß ich ein bißchen weinen, um ihn wiederzukriegen. Ich kann auch mit der Sorte Tiere reden, die Hund heißen und die mir ab und zu das Gesicht lecken. Manchmal kommt ein kleiner schwarzer Hund und sagt »Hei« zu mir. Mit der ganzen Zunge über mein ganzes Gesicht. Aber eigentlich darf er mich nur in größerem Abstand begrüßen. Ich glaube, er mag mich, denn er sieht immer fröhlich aus mit seinem wedelnden Schwanz, wenn er mich begrüßt. Er ähnelt einem kleinen, schwarzen Hund aus dem Bilderbuch meines großen Bruders. Ich mag gern zuhören, wenn mein großer Bruder bei Vati auf dem Schoß sitzt und dieser ihm von allen Tieren vorliest. Gestern fragte mein Vati meinen großen Bruder, ob er zählen könne, wie viele Beine der Elefant im Bilderbuch habe.

»Ja«, sagte mein großer Bruder, »der Elefant hat sechs Beine. Zwei Vorderbeine, zwei Hinterbeine und zwei Elfenbeine!«

Oben schmeckt Haferflockenbrei gut, unten duftet er aber nicht besonders gut!

Tischgespräche

Es ist schon eine merkwürdige Welt, in der wir leben. Nehmen wir mich zum Beispiel . . . ich darf beim Essen reden. Ich kann bloß nicht. Aber mein großer Bruder, der kann beim Essen reden. Er darf bloß nicht. Jedenfalls nicht, solange er selbst noch ißt. Aber genau das fällt meinem großen Bruder sehr schwer. Besonders dann, wenn es Fischfrikadellen gibt, kann er seinen Mund nicht halten. Er schlägt immer vor, sie den armen Kindern unten in Afrika zu senden. Und gestern wollte er plötzlich wissen, ob Fischfrikadellen über oder unter Wasser schwimmen? Und ob Goldfischjungen einen Klaps kriegen, wenn sie sich nachts nicht trockenhalten können? Und ob es stimmt, daß ein Kannibale unten in Afrika, wenn er zu spät zum Essen kommt, eine kalte Schulter bekommt? Und ob die Köche oben in Lappland wirklich Topflappen heißen? Und ob die Pygmäen unten in Afrika tatsächlich auf eine Leiter steigen müssen, um Erdbeeren zu pflücken? Und ob ein Schwede aus Schonen mit einem empfindlichen Magen auch nur Schonkost erhält? Solche vernünftigen Fragen – auf die er drüben im Kindergarten keine ausreichende Antwort kriegen konnte – stellt mein großer Bruder immer dann, wenn wir gerade beim Essen sind.

»Jetzt halt mal deinen Mund, Junge«, sagen Mutti und Vati dann, »man spricht nicht mit dem Essen im Mund!«

Und dann sagt mein großer Bruder:

»Aber die Kannibalen unten in Afrika . . . die dürfen mit einem Essener im Mund sprechen, nicht?«

Ich war eben ganz stolz, als Vati mich fragte: »Na, wovon handelt es denn?«

Bücher schmecken nicht

Von Büchern halte ich nicht gerade viel. Bilderbücher und so etwas, von denen mein großer Bruder eine Menge hat, sind blöd. Keines davon schmeckt nach etwas Besonderem. Natürlich kann es manchmal recht schön sein, darauf zu beißen, weil es gut für meinen Gaumen ist, aber im großen und ganzen sagen mir Bücher nicht sehr viel. Zeitungen sind da viel besser. Sowohl weil sie leichter zu zerreißen sind, als auch weil sie so herrlich knistern, wenn man sie zusammenlegt. Es macht auch Spaß, morgens in den Flur zu krabbeln, wenn der Briefschlitz gerade »KLAPP« gesagt hat, und dann zu versuchen, die Briefe zu zerreißen, die dort herumliegen. Oder eine kleine Ecke davon aufzuessen. Die Ecke mit der Briefmarke schmeckt am besten. Als ich gestern ein großes Stück von Vatis Zeitung gegessen hatte, versuchte er, es mich wieder ausspucken zu lassen. Er brauchte nämlich noch die Totozahlen. Also spuckte ich es wieder aus. Als er dann die nassen Schnipsel wieder zusammengelegt hatte und versuchte, etwas zu entziffern, war er dennoch begeistert:

»Donnerwetter«, sagte er zu Mutti, »der Junge ist ein Sprachgenie! Er hat es tatsächlich ins Russische umgekaut!«

Eine Mutti muß ich ja haben, denn sie gibt mir etwas zu essen. Aber wozu habe ich einen Vati?

Was ist ein Kindergarten?

Es gibt da etwas, worüber ich nachgedacht habe. Wo geht mein Vati hin, wenn er weggeht? Fast jeden Morgen geht er einfach weg. Anstatt zu Hause zu bleiben und mit mir zu spielen, so wie Mutti. Wozu habe ich eigentlich einen Vati, wenn er doch immer weggeht? Trotzdem glaube ich, daß er mich etwas vermißt, denn wenn es langsam gegen Abend geht, kommt er plötzlich nach Hause und sagt »Hallo, Schatz!« zu mir und fragt, ob ich ein lieber Junge gewesen bin. Und dann spielt er mit mir, und wir haben viel Spaß. Aber am nächsten Morgen geht er tatsächlich wieder. Trotzdem. Aber das ist ja noch nicht das Schlimmste. Viel schlimmer ist, daß sie schon davon sprechen, daß sie sich bald um einen Platz für mich im Kindergarten kümmern müssen. Das verstehe ich nicht richtig. Ich kenne nämlich jetzt das ganze Haus und den ganzen Garten. Wir haben einen Rosengarten, einen Gemüsegarten und einen Obstgarten. Aber wir haben keinen Kindergarten. Das weiß ich ganz genau. Wieso brauchen sie dann einen Platz für mich im Kindergarten? Die Sache gefällt mir nicht. Jedenfalls brauchen sie dabei nicht mit mir zu rechnen.

Nix Kindergarten für mich.

Die große Frage ist: Wie zählt man bis zwei?

Ich kann mit Zahlen rechnen

Vati denkt viel an meine Zukunft. »Vielleicht wird er Finanzexperte«, sagt er. Mit seinem alten Elektronenrechner hat er mir das Rechnen beigebracht. Da kann man richtig mit Zahlen rechnen. Bei den Rechenaufgaben kommt eine Menge grüner Krimskrams heraus, wenn man auf die Knöpfe drückt. Und es spielt keine Rolle, daß ich nicht richtig weiß, ob die Lösungen richtig oder falsch sind, denn das weiß ja der Elektronenrechner. Ich kann fast genausogut rechnen wie mein großer Bruder. Aber eben nur fast. Heute saß mein großer Bruder bei Opa auf dem Schoß, und Opa fragte ihn: »Wenn du von mir drei rote Feuerwehrautos kriegst, und Mutti und Vati geben dir auch noch zwei, wie viele rote Feuerwehrautos hast du dann?«

»Sechs«, sagte mein großer Bruder. Opa schüttelte den Kopf.

»Nein«, sagte er, »ich gebe dir drei rote Feuerwehrautos. Mutti und Vati geben dir zwei rote Feuerwehrautos. Wie viele rote Feuerwehrautos hast du dann?«

Mein großer Bruder zählte noch einmal mit den Fingern die roten Feuerwehrautos zusammen. »Sechs«, sagte er dann noch einmal.

»Drei rote Feuerwehrautos und zwei rote Feuerwehrautos. Das werden doch niemals sechs. Du hast doch nur fünf.«

»Nein, ich habe sechs. Eins habe ich nämlich schon!«

Mutti sagt, Fleischklöße sind kein Spielzeug. Aber was sind sie dann?

Verrückte Welt

Gut, daß ich das jetzt weiß. Es gibt Unterschiede zwischen den Leuten. Manche Leute dürfen etwas tun, was andere Leute nicht tun dürfen. Ich zum Beispiel. Am Tisch darf ich nicht mit dem Essen spielen. Aber meine Mutti – sie darf mit dem Essen spielen. Seht nur das Beispiel mit den Fleischklößen. Ich darf fast gar nichts damit machen. Ich darf sie nicht auf den Fußboden schmeißen. Ich darf sie auch nicht zu meinem großen Bruder in den Teller mit Joghurt schmeißen. Ich darf nicht die Hand darauf klatschen und ihnen damit eins auf den Deckel geben. Genaugenommen darf ich überhaupt nicht damit spielen. Aber Mutti darf mit den Fleischklößen spielen. Ich habe es selbst gesehen, wie sie in der Küche stand und sie in einer Schüssel knetete und sie zwischen den Händen rollte, sie dann auf einen Löffel legte und versuchte, sie in einem Topf mit Wasser zu ertränken, und danach fischte sie die Klöße wieder aus dem Topf heraus. All solche lustigen Sachen hat sie damit gemacht. Mehr als eine Stunde spielte sie damit. Ich möchte doch auch gerne einen Topf mit Wasser haben, in dem ich die Fleischklöße ertränken kann. Aber nichts da!

Warum geben sie mir überhaupt diese blöden Fleischklöße? Ich meine . . . wenn man überhaupt keinen Spaß damit haben darf.

Einmal abgesehen davon, sie kaputtzukauen und auszuspucken.

In dem Kasten hat sich ein Mann versteckt. Aber ich kann ihn nicht herausschütteln.

Im Kasten wohnt ein Mann

In dem Kasten, den Mutti und Vati ein Transistorradio nennen, wohnt ein Mann. Manchmal geben sie mir den Kasten, und dann spreche ich mit dem Mann. »Brll-ah-brll-ah-brll«, sage ich zu ihm. Und er antwortet fast genauso. Bloß mit Musik dabei. Auch in den beiden Kästen, die in den beiden Ecken im Wohnzimmer hängen, wohnen Leute. Und es wohnt jemand in dem Kasten, in den Mutti und Vati abends immer gucken. Aber in meinen Bauklötzen wohnt niemand. Auch nicht in meinem Topf. In den Küchenschränken wohnt auch niemand, obwohl an den Türen auch Knöpfe sind, an denen man drehen kann. Der Mann im Transistorradio will aber nicht herauskommen, ich kann den Kasten schütteln, soviel ich will. Er hält sich gut fest. Wenn ich an den Knöpfen drehe, bringe ich ihn manchmal dazu, Musik zu sprechen.

Vorhin sagte meine Mutti: »Geh doch mal und sieh nach, was er gerade macht!«

Dann kam Vati. Er strahlte über das ganze Gesicht.

»Er sitzt und hört Mozart«, sagte er. Und dann winkte ich ihm mit beiden Händen zu.

»Jetzt dirigiert er«, sagte Vati. »Ich glaube tatsächlich, er wird ein neuer Leonard Bernstein!«

Das will ich aber nicht hoffen. Ich bleibe lieber ich selbst.

**Wie machen es die Leute eigentlich, wenn sie sprechen? Ich meine . . .
wo kriegen sie die Wörter her?**

Ich kann sprechen

Ich wachse jetzt aus dem Brabbelalter heraus. Mutti und Vati gehen den ganzen Tag herum und spitzen die Ohren. Ich glaube, sie warten darauf, daß ich anfange zu sprechen. Also ganz richtig mit Wörtern, die man zum Schreiben und Lesen verwenden kann, und zum Schimpfen. Als Mutti mir neulich etwas zu essen gab, und ich mit der Hand in den Teller klatschte, damit der Brei sich besser über den ganzen Tisch ausbreiten konnte, sagte ich plötzlich: »Uaaaiihhh!«

Eigentlich meinte ich damit nichts Besonderes. Nur das, was man eben meint, wenn man »Uaaaiihh« sagt, aber Mutti wurde völlig elektrisiert und rief Vati zu, daß ich mein erstes Wort gesagt hatte.

»Er sagte Mama! Ganz deutlich. Das steht außer Frage!«

Mutti war sehr, sehr begeistert. Fast genauso begeistert wie eben Vati, als wir zusammen spielten. Da sagte ich: »Aaaiiihh!«

Da hättet ihr ihn aber sehen sollen! Mutti war gerade im Garten, und er stürzte wie der Blitz auf den Balkon und rief ihr zu, so daß man es fast im ganzen Viertel hören konnte:

»ER SAGTE VATI!«

Es war so etwas wie eine Weltsensation. Jedenfalls rief er es mit Großbuchstaben!

Mmh . . . es schmeckt gut, 1 Jahr alt zu werden!

Herzlichen Glückwunsch zu meinem Geburtstag

Heute war mein Geburtstag. Ich weiß nicht, wie alt ich geworden bin, es war jedenfalls das erstemal, daß ich bei meinem Geburtstag dabei war. Das war lustig. Ich bekam einen großen Geburtstagskuchen mit einer Kerze drauf. Vati hatte ihn gebacken, aber als er ihn in den Ofen gesetzt hatte, schmolz die Kerze, und dann sagte Mutti, das müsse sie wohl besser übernehmen. Ich durfte dann auch zuerst den Kuchen schmecken, ich schmeckte Sahne im ganzen Gesicht, und alle fanden es sehr lustig. Obwohl ich mir an der neuen Kerze die Finger verbrannte und ein kleines bißchen weinte, während meine Oma daraufpustete. Sie sagte, es sei falsch gewesen, eine Kerze auf den Kuchen zu tun. Sie selbst tut auch nie Geburtstagskerzen auf ihre Torte.

»Wenn ich Geburtstag habe«, sagte sie, »dann soll es ein Fest sein. Kein Fackelzug!«

Mein großer Bruder war auch gerade auf einem Geburtstag. Er kam heulend nach Hause.

»Ich durfte so viel Limonade trinken, wie ich wollte«, heulte er, »und so viele Stücke Sahnetorte und Würstchen essen, wie ich konnte ... und das konnte ich nicht!«

So lieb war ich heute!

Ein ganzer Tag ohne Ärger

Endlich hatte ich einmal einen guten Tag. Die ganze Zeit war eitel Sonnenschein. Kein einziges Mal hat Mutti mit mir geschimpft. Kein Ärger auf dem Wickeltisch, kein Ärger, als ich schlafen sollte, kein Ärger beim Essen. Ich konnte sogar fast alleine mit dem Löffel essen. Das heißt, zuerst versuchte ich, mit der Gabel zu essen, aber das klappte nicht, denn die war undicht. Aber mit dem Löffel konnte ich meinen Brei fast richtig essen. Jedenfalls hatte ich einen ganzen Löffel voll im Ohr und einen in den Haaren. Mutti sagte selbst, daß ich auf dem richtigen Weg bin. Jetzt hoffe ich nur, daß ich auch den Rest des Tages so lieb sein kann. Vati meint, es ist schon fast ein neuer Weltrekord. Es ist auch alles viel einfacher geworden, seit ich krabbeln kann. Es gibt so viel zu sehen und zu entdecken und zu untersuchen, wenn man auf dem Fußboden herumkrabbelt. Ich bin nur nicht ganz sicher, was Mutti sagen wird, wenn sie hereinkommt und sieht, daß ich die Vase mit ihren neuen Blumen umgeworfen habe. Aber ich habe bloß die roten Blumen aufgegessen. Die anderen habe ich nur in ihre Einzelteile zerlegt.

Was soll's, das muß ja nicht die gute Stimmung im Hause kaputtmachen, oder?

Satt und zufrieden . . . mein Schnuller . . . eine frische Windel . . . und eine liebe Mutti und einen lieben Vati. Was kann man sich noch mehr wünschen?